LE RECUEIL DE LA DIVERSITÉ

DES HABITS, QUI SONT DE NOS

JOURS SONT EN USAGE,

EN EUROPE, ASIE, AFRIQUE

& ÎLES SAUVAGES,

LE TOUT FAIT D'APRES

LE NATUREL

AF136723

THE COMPENDIEUM OF

THE DIVERSITY

OF THE CLOTHES,

WHICH ARE NOWADAYS WORN,

IN EUROPE, ASIA, AFRICA

& WILD ISLANDS,

THE WHOLE MADE ACCORDING

TO THE NATURAL

• Édition : BoD – Books on Demand, info@bod.fr
Impression : BoD – Books on Demand, In de Tarpen 42,
Norderstedt (Allemagne)
Impression à la demande

ISBN : 978-2-3224-6239-1
Dépôt légal : Décembre 2022

LE RECUEIL DE LA DIVERSITÉ

DES HABITS, QUI SONT DE NOS JOURS SONT EN USAGE, EN EUROPE, ASIE, AFRIQUE & ÎLES SAUVAGES, LE TOUT FAIT D'APRES LE NATUREL

PAR

FRANÇOIS DEPREZ

VirtuHall Concept
- Jacques Martel -

AVANT-PROPOS

LE RECUEIL DE LA DIVERSITE DES HABITS, QUI SONT DE PRESENT EN USAGE, TANT ES PAYS D'EUROPE, ASIE, AFFRIQUE & ISLES SAUVAGES, LE TOUT FAIT APRES LE NATUREL, de François Deprez a été édité pour la première fois en 1562, à Paris, par l'imprimeur Richard Breton.

Il consiste en une série de 121 figures, chacune décrites par un court quatrain. Il s'agit de l'un des premiers recueils de costumes édités en France.

La version présentée ici est réalisée d'après la réédition faite par Le Fureteur, éditeur Lyonnais, en 1945, dans un tirage limité à 95 exemplaires, qui reproduisait une édition de 1567.

Nous présentons ici la reproduction des figures et des quatrains d'origine, avec en regard la transposition en Français moderne, et une traduction nos amis Anglophones.

Certaines figures sont inexactes, et même parfois totalement incorrectes. Cela est dû au fait que François Deprez, qui n'a probablement jamais voyagé hors de l'Europe, s'est inspiré — comme il le précise dans la dédicace destinée au Roi — des dessins du Capitaine Roberval et des dires d'un « certain Portugais qui a beaucoup voyagé ». Ces derniers ont-ils réellement vu de leurs yeux tout ce qu'ils ont décrit à Deprez, ou en tenaient-ils eux-mêmes une partie de récits d'autres personnes ? On imagine sans peine les inexactitudes et les exagérations possibles...

On trouvera également quatre figures fantaisistes — comme l'Évêque de Mer ou le Singe Debout — dans la traditions des « grotesques » de l'époque.

L'intérêt de ce recueil réside donc principalement dans le trait des gravures anciennes et le plaisir de la sonorité des quatrains lus à haute voix, ainsi que l'amusement que peuvent provoquer leur contenu, souvent empreint des préjugés de l'époque et surtout conforme à la morale en vigueur, quitte à en « rajouter ». François Deprez devait en effet, comme tous les auteurs de ce temps, éviter d'encourir la colère des autorités et de l'Église. Témoin en est la dédicace destinée au roi de France Henri de Navarre — reproduite en fin d'ouvrage — dans laquelle il présente le *Recueil* de façon à lever toute ambiguïté sur ses intentions.

NOTES SUR LA TYPOGRAPHIE ANCIENNE ET L'ORTHOGRAPHE.

Le *s* minuscule, au sein d'un mot, prend la forme dite du *s long* : ʃ. En fin de mot et en majuscule, sa forme est celle que nous connaissons actuellement.

Lorsque la place manque pour composer la phrase entière sur une ligne, des abréviations sont utilisées, remplaçant le *n* ou le *m* suivant une voyelle par un accent sur cette voyelle : *grãd* pour *grand*, *biẽ* pour *bien*, *tõ* pour *ton*, *hõme* pour *homme*, etc.

Sur le même principe, une apostrophe derrière une lettre abrège le mot.

Le *j*, minuscule ou majuscule, est identique au *i*.

À l'époque où a été édité *Le Recueil de la Diversité des Habits*, les règles de l'orthographe et de la grammaire n'étaient pas figées comme elles le sont de nos jours. Un même mot pouvait se trouver orthographié de différentes façons, tant que la sonorité était respectée.

La lecture à haute voix du *Recueil* — en plus de mettre en valeur les rimes des quatrains et les sonorités de l'ancien Français — en facilite la compréhension.

Jacques Martel

FOREWORD

THE COMPENDIEUM OF THE DIVERSITY OF THE CLOTHES, WHICH ARE NOWADAYS WORN, IN THE COUNTRIES OF EUROPE, ASIA, AFRICA & WILD ISLANDS, THE WHOLE MADE ACCORDING TO THE NATURAL, of François Deprez, was first published in 1562, in Paris, by the printer Richard Breton.

It consists of a series of 121 figures, each described by a short quatrain. It is one of the first collections of costumes published in France.

The version presented here is based on the reprint made by Le Fureteur, a publisher from Lyon, in 1945, in a limited edition of 95 copies, which reproduced an edition from 1567.

We present here the reproduction of the original figures and quatrains, with the transposition into modern French, and a translation for our English speaking friends.

Some of the figures are inaccurate, and sometimes even totally incorrect. This is due to the fact that François Deprez, who probably never traveled outside of Europe, was inspired - as he states in the dedication to the King - by the drawings of Captain Roberval and by the statements of «a certain Portuguese who traveled a lot». Did the latters really see with their own eyes all that they described to Deprez, or did they themselves get some of it from other people's accounts? One can easily imagine the possible inaccuracies and exaggerations...
There are also four fanciful figures - such as the Bishop of Sea - in the tradition of the «grotesques» of the time.

The interest of this compendium lies mainly in the the old engravings and the pleasure of the sound of the quatrains read aloud, as well as the amusement that their contents can provoke, imbued with the prejudices of the time and especially in conformity with the morality in force, even if it means overdo it. François Deprez had indeed, like all the authors of the time, to avoid incurring the wrath of the authorities and the Church. Witness is the dedication to the King of France Henri de Navarre - reproduced in the appendix - in which Deprez presents the Compendium in such a way as to remove any ambiguity about his intentions.

NOTES ON ANCIENT TYPOGRAPHY AND SPELLING.

The lowercase *s*, within a word, took the form known as the *long s: ſ*. At the end of a word and in capital letters, its form was the one we know today.

When there was not enough space to compose the whole sentence on a line, abbreviations were used, replacing the n or m following a vowel by an accent on that vowel: *grãd* for *grand, biẽ* for *bien*, *tõ* for *ton*, *hõme* for *homme*, etc.

On the same principle, an apostrophe behind a letter shortened the word.

The *j*, lowercase or capital, was identical to the *i*.

At the time when The Compendium of the Diversity of the Clothes was published, the rules of spelling and grammar were not as fixed as they are today. The same word could be spelled in different ways, as long as the sound was respected.

Reading The Compendium aloud - in addition to highlighting the rhymes of the quatrains and the sounds of Old French - makes it easier to understand.

Jacques Martel

Recueil de la diversité

des habits, qui font de prefent en ufage,
tant es pays d'Europe, Afie, Affrique
& Ifles fauvages, Le tout fait
apres le naturel.

A P A R I S
De L'imprimerie de Richard Breton, Rue
S. Iaques, à l'Efcreviffe d'argent. 1567.
Avec privilege du Roy

Épitre au Lecteur, sur la Diversité des habits contenus dans le présent livre.

Si tu veux voir de Femmes, de Filles et d'Hommes,
Plusieurs portraits, le geste et le vêtement,
Au naturel, en ce temps où nous sommes,
Pour recevoir le contentement de l'esprit,
Lis ce livre avec affection,
Et pose ton regard sur cette suite de portraits.
Tu connaîtras avec clarté les habits
Qui rendent étranges les humains l'un pour l'autre.

Epistle to the Reader, on the Diversity of the Clothes contained in the present book.

If you want to see of Women, Girls and Men,
Several portraits, the gesture and the clothing,
In the natural, in this time where we are,
To receive the contentment of the spirit,
Read this book with affection,
And lay your eyes on this series of portraits.
You will know with clarity the clothes
That make humans strange to each other.

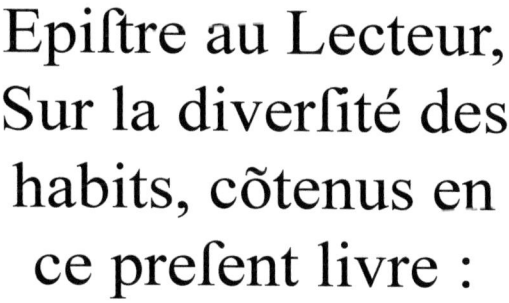

Epiſtre au Lecteur, Sur la diverſité des habits, cõtenus en ce preſent livre :

Sy tu veux voir de Femmes Filles, & d'Hommes,
Pluſieurs pourtraits, le geſte, & veſtement,
Au naturel, en ce temps ou nous ſommes,
Pour recevoir d'eſprit cõtentement,
Ly en ce livre affectueuſsement,
Et tõ regard deſſus ces portraits rãge
Tu cognoitras les habits clairement
Qui les humains font de l'un de l'autre eſtrange.

Le Chevalier

Quand vous verrez un si riche Collier
Porté par un homme, chez qui le blame ne peut mordre,
Pensez que c'est un Chevalier de l'ordre,
Tenant du Roi ce don aussi singulier.

The Knight

When you see such a rich necklace
Worn by a man, in whom blame cannot bite,
Think that he is a Knight of the Order,
Holding from the King this singular gift.

Le Chevalier

Quand vous verrez un ſi riche Collier
Porter à l'hõme, ou blame ne peut mordre,
Penſez que c'eſt un Chevalier de l'ordre,
Ayant du Roi un don tant ſingulier.

Le Gentilhomme

Il est certain que ce brave Français,
Qui à la façon d'un reître s'est vêtu,
Bien qu'en habits flottants apparaît,
Est constant en parole et en vertu.

The Gentleman

It is certain that this brave Frenchman,
Who in the manner of a rector has dressed,
Though in floating clothes appears,
Is constant in word and in virtue.

Le Gentilhomme

Il eſt certain que le brave François,
A la Reiſtre, il ſ'eſt du tout veſtu,
Si en habit mobile tu le voys,
Il eſt conſtant en parolles & vertu.

La Demoiselle

Ainsi voit-on les Françaises demoiselles
D'allure gracieuses et belles,
À la discussion pour tous agréable,
Qui font preuve d'une grâce incomparable.

The Maid

This is how we see the French Damsels
Of graceful and beautiful appearance,
To the discussion for all pleasant,
Who show an incomparable grace.

La Damoyſelle

Telles on voit Françoiſes damoyſelles
En leur maintien gracieuſes & belles,
Leur entretien à tous eſt agreable,
Et pleine ſont de grace incomparable.

Le Vénitien

Soyez certains que les Vénitiens,
(Qui sont des Seigneurs, nobles et anciens),
Lorsqu'ils vont au Palais sont vêtus
Comme vous le voyez, et sont empreints de vertus.

The Venetian

Be sure that the Venetians,
(Who are Lords, noble and ancient),
When they go to the Palace are dressed
As you see, and are full of virtues.

Le Venicien

Soyez certains que les Veniciens,
(Qui ſont Seigneurs, nobles & anciens),
Alors qu'ilz vont au Palays, ſont veſtus
Comme voyez, & ſont pleins de vertus.

Le Président

Vois cet habit sans pompe ni excès.
C'est le vêtement des graves Présidents,
Qui sont commis pour juger les Procès.
De part le Roi, en sa cour ils résidents.

The President

See this garment without pomp or excess.
It is the clothing of the serious Presidents,
Who are appointed to judge the Trials.
On behalf of the King, in his court they reside.

Le Preſident

Voy ceſt habit, ſans pompe ni exces
C'eſt la veſture des graves Preſidens,
Qui ſont commis à iuger les Proces,
De part le Roy, en ſa court residens.

Le Courtisan

Le Courtisan Français, au temps qui court
Est brave, ainsi que vous le montre cette figure.
À de nombreuses Dames il sait faire la cour,
Car de l'éloquence il maîtrise l'art et la mesure.

The Courtesan

The French Courtesan, at the time which runs
Is brave, as this figure shows you.
To many Ladies he knows how to court,
Because of the eloquence he masters the art and the measure.

Le Courtisan

Le Courtiſan Françoys, au temps qui court
Eſt brave ainſi qu'en voyez la figure,
A mainte Dame il ſçait faire la Court,
Car d'éloquence il entend la meſure.

L'Italienne

Voyez ici la femme d'Italie.
Telle qu'elle est montrée dans cette effigie,
De sa façon plaisante et jolie,
À son amour, les hommes elle conduit.

The Italian Woman

See here the woman from Italy.
As she is shown in this effigy,
In her pleasant and pretty way,
To her love, men she leads.

L'Italienne

Voyez ici la femme d'Italie,
Cõme elle eſt viue en ce préſent pourtrait
De ſa façon fort plaiſante & iolie,
A ſon amour les hommes elle attrait.

La Bourgeoise de Paris

On ne voit de femme plus belle et plus courtoise,
Chaste dans ses habits,
Que dans Paris, où vivent maintes bourgeoises,
Telles que celle représentée ici.

The Burgher Woman of Paris

There is no woman more beautiful and more courteous,
Chaste in her clothes,
Than in Paris, where many burgher women lives,
Such as the one represented here.

La Bourgeoise de paris

Fēme on ne voit plus belle, & plus courtoise
Se montrant chaste avec son vestement,
Que dans Paris, ou est mainte bourgeoises,
Telle qu'elle est painte ici vivement.

Le Bourgeois

Tu peux voir ici le vrai Parisien.
Son honnête habit étant sa devanture,
Son parler est subtil et un moyen
De trafiquer ; c'est sa véritable nature.

The Burgher Man

Here you can see the real Parisian.
His honest dress is his front,
His speech is subtle and a means
To traffic; it is his true nature.

Le Bourgeoys

Tu peux voir cy le vray Pariſien,
Sa mode honneſte eſtant en ſa veſture,
Son parler eſt ſubtil, & a moyen
De trafiquer, c'eſt ſa propre nature.

Le Vieux Bourgeois

Si tu veux voir le vieux Bourgeois de France,
Son habit, et son port empreint de gravité,
Ce portrait te l'avance,
Tel qu'il est, peu curieux de nouveauté.

The Old Burgher

If you want to see the old burgher of France,
His dress, and his port imprinted with gravity,
This portrait will show it to you,
Such as it is, little curious of novelty.

Le Vieil Bourgeoys

Si tu veux voir le vieil bourgeois de France,
Le ſien habit, ſon port & gravité,
Ce pourtrait cy, t'en fait la demonſtrance,
Peu curieux eſt de nouvelleté.

L'Artisan Français

C'est l'Artisan vêtu d'une bonne cape,
Aimant le labeur afin qu'il s'en nourrisse.
Par le travail, à l'oisiveté il échappe,
Elle qui de tous les maux est la nourrice.

The French Artisan

It is the Artisan dressed in a good cloak,
Loving work so that he can feed himself.
Through work, he escapes idleness,
She who of all the evils is the nurse.

L'Artiſan François

C'eſt l'artiſan veſtu de bonne cape,
Aymant labeur, afin qu'il ſ'en nourrice,
Oyſiveté par travail il eſchape,
Pource que c'eſt de tous maux la nourrice.

Le Docteur

Voici l'habit que porte le Docteur,
Faisant le grave, comme c'est notoire,
De la foi se disant protecteur.
D'où le fait qu'on ne veuille plus le croire.

The Doctor

Here is the dress that the Doctor wears,
Doing the serious, as is notorious,
Of faith calling himself a protector.
Hence the fact that one does not want to believe him anymore.

Le Docteur

Voicy l'habit que porte le Docteur
Faiſant le grave, ainſi qu'il eſt notoire,
Luy ſe diſant de la foy protecteur,
D'ou viẽt cela qu'on ne le veut plus croire.

Le Laboureur

Le Laboureur a toujours le courage
De travailler son terrain.
Il n'est pas oisif, et de son labourage
Souvent sont nourris ceux qui ne font rien.

The Ploughman

The ploughman always has the courage
To work his land.
He is not idle, and from his ploughing
Those who do nothing are often fed.

Le Laboureur

Le Laboureur à toufiours fon courage
De travailler au monde terrien,
Il n'eft oyfif, mais de fon labourage,
Souvẽt nourry font ceux qui ne font rien.

Le Soldat Français

Le vrai Soldat Français ici se montre
Prêt pour combattre, ou faire des bravades.
De reconnaissance il peut faire montre
Envers son hôte, comme le payer en bastonnades.

The French Soldier

The real French Soldier here shows himself
Ready to fight, or to make bravado.
Of gratitude he can show
To his host, as well as pay him in beatings.

Le Soldat François

Le vray Soldat Français ici ſe montre
Preſt pour cõbattre, ou pour faire bravades,
Mais quelque fois il remet a la monſtre
Son hoſte, ou bien le paye en baſtonnades.

Le Laquais

Vois ce Laquais léger comme le vent.
Toujours à courir, il n'a pas le teint fade,
D'argent en bourse il manque le plus souvent,
C'est pourquoi son hôte est payé en gambades.

The Lackey

See this Laker light as the wind.
Always on the run, he doesn't have a dull complexion,
Of money in the purse he lacks most often,
That is why his host is paid in gambols.

Le Laquais

Voy ce Lacquais leger comme le vent,
Pour bien courir il n'à la couleur fade,
Argent en bource il n'a le plus ſouvent,
Parquoy ſon hoſte eſt payé en gambades.

La Paysanne Française

Regardez bien, Lecteurs, la contenance
De cette femme dans ce portrait ancien et réussi.
On voit encore en France
La Paysanne être vêtue ainsi.

The French Peasant Woman

Look well, Readers, at the contentment
Of this woman in this ancient and successful portrait.
One still sees in France
The peasant woman being dressed like this.

La Ruſtique Françoiſe

**Regardez bien (Lecteurs) la contenance
De ceſte femme, en ce pourtrait antique,
Touſiours ainſi on voit parmy la France,
Eſtre veſtue une femme ruſtique.**

La Picarde

Vois cette femme avec son Bavolet,
C'est la Picarde éveillée et honnête.
Son parler plait, son maintien n'est pas si laid,
Mais bien souvent elle a mauvaise tête.

The Picardy Woman

Look at this woman with her Bavolet,
She is the Picarde, alert and honest.
Her speech pleases, her posture is not so ugly,
But she often has a bad head.

La Picarde

Voy cefte femme avec fon Bavolet,
C'eft la Picarde efveillée & honnête,
Son parler plait, fon maintien n'eft pas laid,
Mais bien fouvent elle à mauvaife tefte.

La Mariée de France

La Mariée est coiffée et vêtue
Comme vous le voyez, quand elle prend mari.
À démontrer sa beauté elle s'évertue
En ce jour, n'ayant le cœur marri.

The Bride of France

The Bride is dressed in hair and clothes
As you see, when she takes a husband
To show her beauty she strives
In this day, not having the ad heart.

L'Efpoufée de France

L'efpoufée eft coiffée, aufsi veftue
Comme voyez, quand elle prent mary,
A demonftre fa beauté f'evertue,
En ce iour là, n'ayant le cueur marry.

Le Deuil

Voici l'habit habituel du deuil,
Noir de couleur, comme sont les ténèbres,
Quand par les soupirs, avec la larme à l'œil,
Pour les défunts, nous faisons pompes funèbres.

The Mourning

Here is the usual clothe of the mourning,
Black in color, as is the darkness,
When by sighs, with tear in eye,
For the departed, we make funeral services.

Le Deuil

Voicy l'habit accouſtumé au deuil,
Noir de couleur cõme ſont les tenebres,
Quãd par les ſoupirs, avecques larmes d'oeil,
Pour les defunctz on fait põpes funebres.

Le Champenois

Si vraiment tu ne sais pas,
Quelle est la figure présente,
Voici le vrai habit d'un Champenois,
Qui à tes yeux, plein de vie se présente.

The Champagne Man

If you really don't know,
What is the present figure,
Here is the real outfit of a Champenois,
Who to your eyes, full of life presents himself.

Le Champenoys

S'il eſt ainſi que rien tu ne cognois
En cette forme, & figure presente,
Voicy le vray habit d'un Champenoys,
Qui a tes yeux vivement ſe preſente.

La Paysanne de la Bresse

Si en Bresse tu n'as jamais été,
Par ce portrait ancien et vivant,
Tu pourras reconnaitre de façon aisée
D'une Paysanne Bressante le vrai vêtement.

The Peasant Woman of Bresse

If in Bresse you have never been,
By this ancient and living portrait,
You will be able to recognize in an easy way
Of a Bresse peasant woman the true clothing.

La Ruſtique de Brece

Sy n'a eſté en la Brece iamais,
(Par ce pourtrait naturel & antique)
Tu pourras bien cognoiſtre deformais
Le vray habit d'une Brece ruſtique.

La Brébanaise

La Brébanaise est ici compassée,
Dans ce portrait naïvement composé.
Son vêtement a la queue troussée,
Et sa coiffure est de linge empesé.

The Woman of Breban

The Brebanaise is here compassed,
In this naively composed portrait.
Her garment has the tail trussed,
And her hairstyle is of linen stuffed.

La Brebanſonne

La brebanſonne eſt icy compaſſée,
Par ce Pourtrait au naif compoſé,
Son veſtement à la queue trouſſée,
Et ſa coiffure eſt de linge empeſé.

La Fille Flamande

Qui, belle et fraiche fille, à voir demande,
Vêtue d'habits couramment portés,
Doit contempler cette Fille Flamande,
Dans cette tenue très ajustée.

The Flemish Girl

Who, beautiful and fresh girl, to see asks,
Dressed in clothes commonly worn,
Must contemplate this Flemish Girl,
In this very fitted outfit.

La Fille Flamende

Qui fille belle & freche voir demande,
Et habillee en habit ufité,
Doit contempler cefte fille Flamende,
En ceft habit vivement limité.

La Demoiselle Flamande

Ce portrait pour mieux vous faire comprendre,
Si vous n'allez pas visiter la Flandre,
Que pour de nobles Demoiselles, soyez-en assurés,
En ce lieu-là, de telles tenues sont usités.

The Flemish Maid

This portrait to make you understand better,
If you are not going to visit Flanders,
That for noble ladies, be assured,
In this place, such clothes are used.

La Damoiſele Flamẽde

Pour ce pourtrait vous faire mieux entẽdre,
Si vous n'allez voir le pays de Flandre,
Aſſuſerez vous que noble Damoyſſelles
En ce lieu là, portent veſtures telles.

La Fille Hollandaise

Si sur ce portrait ton œil à comprendre s'évertue
En contemplant cette fille de bon maintien,
Sans aller en Hollande, tiens pour certain
Qu'exactement ainsi les filles y sont vêtues.

The Dutch Girl

If on this portrait your eye tries hard to understand
In contemplating this girl of good bearing,
Without going to Holland, take for certain
That this is exactly how the girls are dressed there.

La Fille Holandoiſe

Sur ce pourtrait, ſi ton œil ſ'eſvertue
En comtemplant ceſte fille au maintien,
Sans en Holande aller, pour certain tien
Que tout ainſi la fille y eſt veſtue.

La Hollandaise

Une Hollandaise on peut être assuré
De bien reconnaître dans cette figure.
Son habit est joliment plissé,
Blanche et polie, elle est de nature.

The Dutch Woman

A Dutch woman one can be assured
To recognize well in this figure.
Her dress is nicely pleated,
White and polished, she is by nature.

La Holandoiſe

La Holandoiſe on peut certainement
Bien recognoiſtre en icelle figure,
Son habit eſt pliſſé mignonnement,
Blanche & polye elle eſt de ſa nature.

L'Anglaise

Ainsi est vêtue la femme Anglaise.
Le dessus de son bonnet est fourré,
Bien qu'en nos lieux on n'en voie pas, on la reconnait avec aise
À ce bonnet carré.

The English Woman

This is how the English woman is dressed.
The top of her bonnet is stuffed,
Although in our places one does not see it, one recognizes it with ease
To this square cap.

L'Angloyſe

Ainſi veſtue eſt une femme Angloiſe
Par le deſſus ſon bonnet eſt fourré,
On la congnoiſt (biẽ qu'aux lieux on ne voiſe)
Facilement à ſon bonnet carré.

La Romaine

Il n'est pas besoin de se promener à Rome
Pour voir le port, l'allure et la gravité
D'une prudente et ancienne Romaine.
Ce portrait-ci en est la vérité.

The Roman Woman

There is no need to walk in Rome
To see the bearing, the pace and the gravity
Of a prudent and ancient Roman woman.
This portrait is the truth of all this.

La Romaine

Il ne faut pas qu'à Rome on se pourmaine
Pour voir le port, le geſte & gravité,
D'une prudente & antique Romaine,
Ce pourtrait cy, en tien la verité.

La Lyonnaise

Quand vous verrez la brave femme de Lyon,
Vêtue ainsi au plus près de vos yeux,
Mieux vaut l'aimer que lever des querelles à Lyon,
Car elle est de tempérament cruel et furieux.

The Lyon Woman

When you see the brave woman of Lyon,
Dressed like this close to your eyes,
It is better to love her than to take quarrel in Lyon,
For she is of a cruel and furious temperament.

La Lyonnoiſe

Quand vous verrez la brave Lyonnoiſe
Veſtuc ainſi au plus pres de voz yeux,
Mieux vaut l'aymer que prẽdre à Lyon noiſe,
Pour ce qu'elle eſt cruel & furieux.

La Goitre

Voyez comment cette femme est semblable
À l'homme par sa grosse gorge, véritablement.
Quoi que ce soit chose étonnante et admirable,
Ce portrait-ci ne ment aucunement.

The Goiter Woman

See how this woman is similar
To the man by his big throat, truly.
Though it is an astonishing and admirable thing,
This portrait does not lie at all.

La Goueſtre

Voyez cõmẽt ceſte femme eſt ſemblable,
En groſſe gorge à l'homme proprement,
Quoy que ce ſoit une choſe admirable,
Ce pourtrait cy ne ment aucunement.

Le Goitre

Si tu es allé au pays de Piedmont
Grâce à ce portrait tu pourras admettre,
Qu'en y allant et en traversant les Monts,
Tu as pu voir de semblables Goitres.

The Goiter Man

If you have been to Piedmont
Thanks to this portrait you will be able to admit,
That while going there and crossing the mountains,
You could have seen similar Goitres.

Le Gouestre

Si tu as esté au pays de Piedmont,
Par ce pourtrait tu pourras recoignoistre,
Qu'en y allant & traversant les Monts
Tu as peu voir de semblable Gouestre.

Le Provençal

Qui n'a été en la chaude Provence,
Pour en voir l'habit et la tenue,
En contemplant ce portrait s'y avance,
Au naturel en a la vue.

The Provencal Man

Who has not been in the hot Provence,
To see the dress and the outfit,
By contemplating this portrait, he comes forward,
In the natural has the sight of it.

Le Provenſial

Qui n'à eſté en la chaude Provence,
Pour voir l'habit, & auſſi la veſture,
A contempler ce pourtrait cy ſ'avance,
Au naturel en verra la figure.

Le Polonais

Si ce portrait-ci tu ne connais,
Au chapeau fourré, chaud à merveille,
Tu sauras que c'est un Polonais
Craignant le vent qui lui frappe les oreilles.

The Polish Man

If you don't know this portrait,
With the stuffed hat, wonderfully warm,
You will know that it is a Polish
Fearing the wind that hits his ears.

Le Pollognoys

Si ce portrait icy tu ne cognoys,
Au chapperon fourré (chaud à merveilles)
Tu cognoiſtras que c'eſt un Pollognoys
Craignant le vent qui le frappe aux oreilles.

L'Écossais

Il faut, Lecteur, que tu tiennes pour vrai,
Quand tu verras ce portrait de tes yeux,
Que c'est l'habit que porte l'Écossais,
Qui n'est ni trop mondain, ni trop curieux.

The Scots Man

It is necessary, Reader, that you hold for true,
When you see this portrait with your eyes,
That this is the garb of the Scot,
Who is neither too worldly nor too curious.

L'Eſcoſſoys

Il faut Lecteur, que tout certain tu ſois,
Quand tu verras ce pourtrait de tes yeux,
Que c'eſt l'habit que porte l'Eſcoſſois,
Qui n'eſt par trop mondain ni curieux.

L'Écossaise

Si vous baissez les yeux sur ce portrait
Pour bien savoir de l'Écossaise l'apect,
Celui-ci du naturel a le respect,
Comme si vous voyez celle dont il est le portrait.

The Scots Woman

If you look down on this portrait
To know well of the Scottish woman the apect,
This one of the natural has the respect,
As if you see the one whose portrait it is.

L'Eſcoſſoiſe

Si vous baiſſez l'oeil deſſus ce pourtrait,
Pour bien ſçavoir d'Eſcoſſoiſe la forme,
Ceſtuy cy eſt au naturel conforme,
Comme voyez qu'au vif il eſt pourtrait.

La Sauvage d'Écosse

Si tu poses l'œil sur cette figure,
Dans le but d'en être certain,
De la Sauvage des terres d'Écosse il s'agit bien,
De peaux vêtue contre la froidure.

The Scottish Savage Woman

If you lay your eye on this figure,
In order to be sure,
The wild woman of the Scottish lands is this one,
Of skins clothed against the cold.

La Sauvage d'Escosse

Si tu mets l'oeil dessus ceste figure
A celle fin que certains tu en soys,
C'est la sauvage au pays Escossoys,
De peaux vestue encontre la froidure.

Le Capitaine Sauvage

Vous pourrez voir parmi les Écossais
Tels Capitaines faisant là leur séjour,
Qui souvent sont nuisance pour les Anglais.
Peu de profit ils tirent de leurs nombreux tours.

The Savage Captain

You can see in the Scots
Such Captains making their stay there,
Who often are a nuisance to the English.
Little profit they draw from their many tricks.

Le Capitaine Sauvage

Vous pourrez voir entre les Escoßoys,
Tel Capitaine faisant là leur seiours,
Qui souvent font nuysance aux Angloys,
Peu de profit leur fait faire maints tours.

Le Flamand

Si du Flamand tu veux savoir les effets,
La courte robe, et l'allure aussi,
Tu les verras par ce portrait.
Changer d'habit n'est point son souci.

The Flemish Man

If you want to know the clothes of the Fleming,
The short skirt, and the look too,
You will see them by this portrait.
To change of dress is not its concern.

Le Flamend

Si du Flamend veux ſavoir la veſture
Sa courte robe, & la maniere auſsi,
Tu le verras par cette pourtraiture,
Changer d'habit ce n'eſt point ſon ſoucy.

La Flamande

D'après nature a été fait cette figure
D'une Flamande, au cas où, expressément,
Sur les lieux vous n'iriez pas. Sa vêture
Est ici reproduite minutieusement.

The Flemish Woman

From nature was made this figure
Of a Flemish woman, in case of, expressly,
On the spot you would not go. Her clothing
Is here reproduced with meticulousness.

La Flamende

Au vif tiree eſt ceſte pourtraiture,
D'une Flamende ainſi expreſſement,
Si ſur les lieux vous n'allez : ſa veſture
Eſt peincte icy labourieuſement.

Le Prieur

Ici en portrait, un Prieur gros et gras,
Vêtu des habits idoines.
De les changer, désireux il n'est pas,
Car c'est souvent l'habit qui fait le moine.

The Prior

Here in portrait, a big and fat Prior,
Dressed in the appropriate clothes.
To change them, eager he is not,
For it is often the habit that makes the monk.

Le Prieur

Pourtrait eſt cy, un gros & gras Prieur
Veſtu d'habits, qui lui ſont fort ydoine,
De les changer il n'eſt point curieux,
Car c'eſt souvent l'habit qui fait le moyne.

Le Chartreux

Voici l'habit, peint au naturel,
Dont est vêtu le Chartreux solitaire,
Qui a acquis de grands biens temporels
De nos parents, ce qu'il convient de taire.

The Carthusian

Here is the habit, according to the natural,
With which the solitary Carthusian is dressed,
Who has acquired great temporal goods
Of our parents, which it is advisable to keep silent.

Le Chartreux

Voicy l'habit pourtrait au naturel
Dont eft veftu le Chartreux folitaire,
Qui à acquis de grand bien temporel
De noz parents, dont il fe convient taire.

Le Chanoine

Quand le Chanoine veut aller au Monastère
Pour assister au divin service,
Pour se vêtir d'un tel habit il est volontaire,
Car en hiver il lui est chaud et propice.

The Canon

When the Canon wants to go to the Monastery
To attend the divine service,
To dress in such a garment he volunteers,
For in winter it is warm and favourable to him.

Le Chanoyne

**Quand le Chanoyne veut aller au Monſtier
Pour afſiſter à ſon divin ſervice,
De tel habit il ſe veſt vontontiers,
Qui en yver lui eſt chault & propice.**

Le Moine

Ce portrait que vous voyez vous délivre,
Un Moine au naturel, ayant en main son livre.
Si d'aventure il oublie la vertu,
Pour récompense il est ainsi vêtu.

The Monk

This portrait that you see delivers you,
A monk in his natural state, with his book in hand.
If by chance he forgets his virtue,
For reward he is thus clothed.

Le Moyne

Ce pourtrait cy que voyez, vous delivre,
Du Moyne au vif, ayant en main ſon livre,
Si d'aventure il n'ayme la vertu,
Pour recompenſe il eſt ainſi veſtu.

Le Vieux Père de village

Ce Vieux Patron et Père de village
Ses habits n'est pas enclin à changer.
Il préfèrerait avoir un gras potage,
Et son lit fait, pour moelleusement coucher.

The Old Village Father

This Old Boss and Father of the village
His clothes is not inclined to change.
He would rather have a fat soup,
And his bed made, to lie softly.

Le Vieil Pere de village

Ce vieil patron & et pere de village
N'eſt pas enclin de ſes habits changer,
Mieux aimeroit avoir de gras potage,
Et ſon lict faict pour mollement coucher.

Le Deuil de village

Voici comment se vêt la villagoise,
Portant le deuil dans ce vêtement,
Et en pleurant, faisant plus de bruit et noises.
Que n'en font les prêtres communément.

The village mourning

This is how the villager woman dresses,
Wearing the mourning in this garment,
And weeping, making more noise and noise
Than the priests commonly do.

Le Deuil de village

Voyla comment ſe veſt la villageoiſe,
Portant le deuil en ceſt accoutrement :
En en plorãt fait plus grand bruit & noiſe,
Que ne font preſtres communement.

La Demoiselle en deuil

En France, ainsi se vêt la Demoiselle,
Pour ses parents en sépulture mis,
Et fait son deuil, par un tout naturel zèle,
Quand elle subit la perte de ses amis.

The Maid in mourning

In France, this is how the Maid dresses,
For her parents in burial put,
And mourns, with a natural zeal,
When she suffers the loss of her friends.

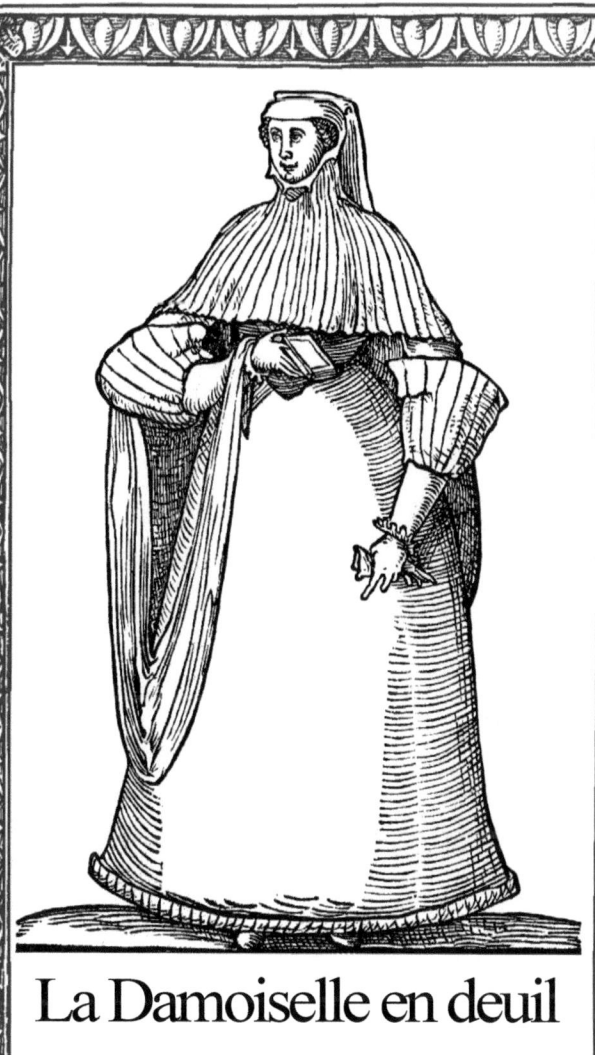

La Damoiselle en deuil

En France ainſi ſe veſt la Damoiselle,
Pour ſes parents en ſepulture mis,
Et fait ſon deuil par un naturel zele,
Quant elle a fait perte de ſes amis.

Le Deuil de Flandre

En Flandre les femmes ont appris
À faire du Deuil courant usage,
Comme sur le vif il a été saisi
Dans le portrait qu'en fait la présente image.

The Mourning in Flanders

In Flanders women have learned
To make the Mourning common use,
As according to natural it was seized
In the portrait that the present image makes of it.

Le Deuil de Flandre

En Frandre ont les femmes apris
Faire dueil commun usage,
Ainsi qu'au vif nous le voyons compris
Par le pourtraict de la presente image.

Le Norvégien

Si tu es motivé par la nouvelle aventure
De contempler et connaitre la parure
Habituelle de l'homme Norvégien,
En ce portrait tu la tiens.

The Norwegian Man

If you are motivated by the new adventure
To contemplate and know the ornament
of the Norwegian man,
In this portrait you have it.

Le Zelandois

Si tu es meu d'une nouvelle cure,
De contempler & ſçavoir la parure,
Accouſtumee à l'homme Zelandois,
En ce pourtrait contempler tu la doys.

La Norvégienne

La Norvégienne de ce portrait-là
(où tu la vois dessinée pour cela)
Peut à chacun montrer clairement,
De quelle façon est fait son vêtement.

The Norwegian Woman

The Norwegian woman in this portrait
(where you see her drawn for this)
Can show clearly to everyone,
In which way is made her clothing.

La Zelandoiſe

La Zelandoiſe en ce pourtrait icy,
(Ou tu la vois eſtre exprimee ainſi)
Peut à chacun monſtrer apertement,
Quelle façon eſt en son veſtement.

L'Évêque de Mer

La terre n'a d'Évêques seulement,
Que nommés par bulle, en grand honneur et titre.
L'Évêque de Mer grandit en mer pareillement,
Ne parlant point, malgré qu'il porte la mitre.

The Bishop of the Sea

The land has only Bishops
Named by pope's bulle, in great honor and title.
The Bishop of the Sea grows up at sea in the same way,
Not speaking, though he wears the mitre.

L'Eveſque de Mer

La terre n'a eveſques ſeulement,
Qui ſont par bule en grãd hõneur & tiſtre,
L'Eveſque croiſt en mer ſemblablement,
Ne parlãt point, cõbien qu'il porte mitre.

Le Moine de Mer

La mer, poissons en abondance fournit,
Par don divin, que nous devons respecter.
Mais fort étrange est le Moine de Mer,
Qui est ainsi que ce portrait le décrit.

The Sea Monk

The sea, fish in abundance provides,
By divine gift, which we must respect.
But very strange is the Sea Monk,
Who is as this portrait describes him.

Le Moyne de Mer

La mer poiſſons en abondance aporte
Par don divin, que nous devons eſtimer :
Mais fort eſtrange eſt le Moyne de Mer,
Qui eſt ainſi que ce pourtrait le porte.

Le Singe Debout

Près du Pérou, en effet le voit-on,
Dieu a donné au Singe cette forme,
Vêtu de jonc, s'appuyant sur un bâton,
Debout, aux hommes conforme.

The Standing Monkey

Near Peru, indeed we see it,
God gave the Monkey this form,
Dressed in rush, leaning on a stick,
Standing, to the men conformed.

Le Singe Debout

Pres le Peru par effect le voit-on,
Dieu a donné au Singe telle forme,
Veſtu de ionc, ſ'apuiant d'un baſton,
Eſtant debout chose aux hõmes cõforme.

Le Cyclope

De Polyphème et des Cyclopes
Font mention les poètes anciens.
On dit encore que ce lignage perdure,
Avec un œil, comme sur cette figure.

The Cyclops

Polyphemus and the Cyclops
Are mentioned by the ancient poets.
It is still said that this lineage continues,
With one eye, as on this figure.

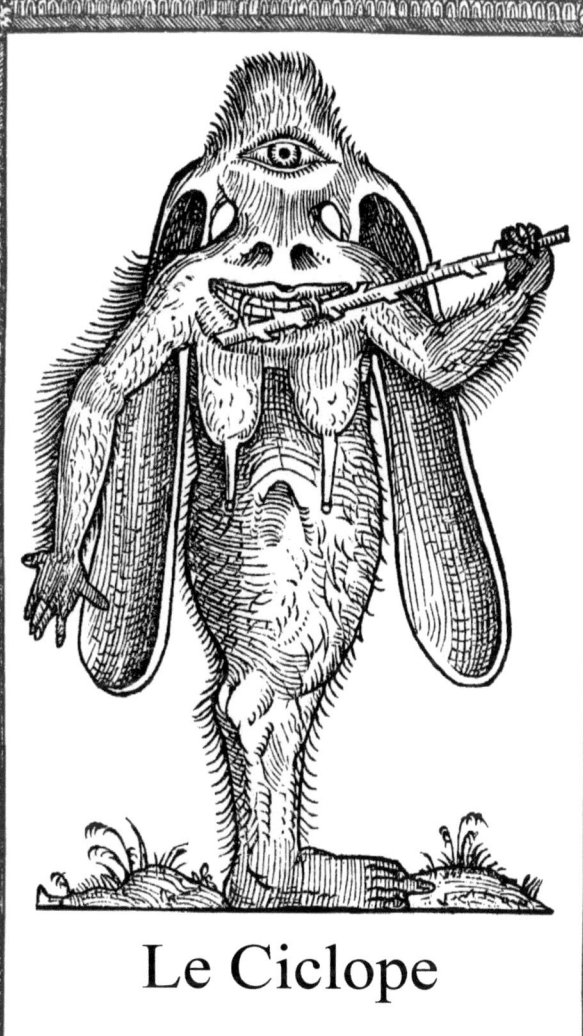

Le Ciclope

De Polipheme & des Siclopiens,
Font mention poetes ancien :
On dit encore que ce lignage dure,
Avec un oeil felon cefte figure.

Le Gentilhomme Suisse

Si vous désirez être un peu curieux
De baisser sur ce portrait vos yeux,
Certainement, vous verrez comme
En Suisse est vêtu un Gentilhomme.

The Swiss Gentleman

If you wish to be a little curious
To lower your eyes on this portrait,
Certainly, you will see how
In Switzerland is dressed a gentleman.

Le Gentilhõme Suiſſe

Si vous voulez eſtre tant curieux,
D'un peu baiſſer sur ce pourtrait voz yeux,
Certainement un chacun verra comme,
En Suiſſe eſt veſtu un Gentilhomme.

La Demoiselle Suisse

Pour connaitre l'habit que les Demoiselles
Ont en Suisse, il vous suffit de savoir
Qu'au sujet des vêtements elles sont telles
Que sur ce portrait on peut les apercevoir.

The Swiss Maid

To know the dress that the Maids
have in Switzerland, it is enough for you to know
That about the clothes they are such
That on this portrait they can be seen.

La Damoyselle Suiſſe

Pour vous mõſtrer l'habit que Damoyselle
Ont en Suiſſe, il vous convient de ſçavoir
Qu'en veſtements elles ſont toutes telles
Qu'en ce pourtrait on peut apercevoir.

Le Lansquenet

Le Lansquenet, jour après jour s'accommode,
De la perpétuation de cette vieille mode,
De son naïf et propre habillement,
Et sans jamais faire de changement.

The Lansquenet

The Lansquenet, day after day, accommodates itself,
Of the perpetuation of this old fashion,
Of his own naive clothing,
And without ever making a change.

Le Lanſquenet

Le Lãſquenet iour en iour ſ'accommode,
A l'entretien de ceſte vieille mode,
De ſon naif & propre habillement,
Et ſans iamais vſer de changement.

La Lansquenette

Crois connaitre la Lansquenette aussi,
Saisir son habillement et son allure,
Comme chacun peut la voir ici,
Par un regard sur cette peinture.

The Lansquenette

Think you know the Lansquenette too,
Understand her clothing and her look,
As everyone can see her here,
By a glance at this painting.

La Lanſquenette

Croire conuient la Lanſquenette auſsi
Tenir ce geſte, & telle eſt ſa veſture,
Comme chacun peut le cognoiſtre icy,
Par le regard de ceſte portraiture.

L'Allemande

Tel est l'habit de la femme Allemande,
Qui n'en change pas comme nous souvent,
Les Français qui de nouveaux habits demandent,
Aussi changeants que le vent.

The German Woman

Such is the dress of the German woman,
Who does not change it as we often do,
The French who ask for new clothes,
As changeable as the wind.

L'Alemande

L'habit eſt tel de la femme Alemande,
Et point ne change ainſi que nous ſouvẽt,
Car le François nouveaux habits demãde,
En les muant ainſi comme le vent.

Le Bourgeois Allemand

De cet habit voyez l'originalité.
C'est la tenue du Bourgeois Allemand.
Qui comme personne la veut inchangée,
De la diversité n'étant pas aimant.

The German Burgher

Of this dress see the originality.
It is the German burgher outfit.
Who as nobody wants it unchanged,
As of diversity he is not loving.

Le Bourgeoys Allemãt

De ceſt habit voyez l'invention
C'eſt du Bourgeoys Allemant la veſture,
Qui comme aucuns n'en fait mutation,
Diverſité aymans de leur nature.

Le Suisse

Voici l'habit et l'attitude du Suisse,
Puissant et fort, si bien que depuis longtemps
Les Rois de France les ont pris à leur service,
En Cour et en guerre, avec un désir constant.

The Swiss Man

This is the dress and attitude of the Swiss,
Powerful and strong, so much so that for a long time
The Kings of France have taken them into their service,
In court and in war, with a constant desire.

Le Suyſſe

Voicy l'habit & geste du Suiſſe
Puiſſant & fort, ainsi que dès long temps,
Les Roys de France en ont tiré ſervice
En Cour & guerre, avec deſirs conſtent.

La Suisse

Observez bien cet habillement,
La forme et la manière dont il est fait,
Car en Suisse ainsi, très certainement,
Chaque femme de cette façon toujours se vêt.

Swiss Woman

Observe this clothing well,
The form and the way in which it is made,
For in Switzerland so, most certainly,
Every woman in this way always dresses.

La Suiſſe

Regardez bien de ceſt habillement,
Toute la forme & façon comme elle eſt
Car en Suiſſe ainſi certainement,
Chacune femme ainſi touiours ſe veſt.

La Haute Allemande

Si d'aventure on vous demande
Ce que représente cette figure,
C'est une véritable Haute Allemande,
Peinte sur le vif, selon nature.

The High German Woman

If someone asks you
What this figure represents,
It's a real high German woman,
Painted from life, according to natural.

La Haute Allemande

Si d'aventure on vous demande
Que reprefente cefte figure,
C'eft une vraye Haute Allemande,
Pourtraite au vif, felon nature.

La Fille Allemande

Quand vous verrez une chevelure aussi grande
Pendre de la tête, comme sur cette figure,
Tenez pour certain que c'est une Fille Allemande
Qui se vêt ainsi. De ce, soyez sûr.

The German Girl

When you see such a long hair
Hanging down from a head, as on this figure,
You can be sure that it is a German girl
Who dresses like this. Of this, be sure.

La Fille Allemande

Quand vous verrez cheveulure ainſi grand
Pendre du chef, comme icy la voyez,
C'eſt pour certain une fille Allemand,
Veſtue ainſi, de ce feur en foyez.

Le Hongrois

Si vous n'êtes pas volontaire
Pour cheminer jusqu'à sa terre,
Pour du chemin éviter les ennuis,
Voici comme se vêt l'homme de Hongrie.

The Hungarian Man

If you don't volunteer
To walk to his land,
To avoid trouble on the way,
This is how the Hungarian man dresses.

Le Hongre

Si vous ne voulez eſtre trop curieux
De cheminer iuſque aux propres lieux,
Pour du chemin fuir la faſcherie,
Ainſi ſe veſt l'homme de Hongrie.

La Dame de Hongrie

Chaque Dame vivant en Hongrie,
Ayant un rang de grande seigneurie,
Porte toujours l'accoutrement,
Qui est ici représenté fort proprement.

The Lady of Hungary

Every lady living in Hungary,
with a rank of great lordship,
Always wears the outfit,
Which is represented here very strictly.

La Dame de Hongrie

Chacune Dame habitant en Hongrie,
Qui à l'honneur de grande ſeigneurie,
Porte touijours un tel accouſtrement,
Qu'il eſt icy dépaint fort proprement.

La Russe

La Russe, comme je l'ai lu,
Se vêt ainsi et fait preuve de grâce,
Avec en tête un épais chapeau velu,
Et aux pieds des patins ferrés pour la glace.

The Russian Woman

The Russian, as I read it,
Dresses like this and shows grace,
With a thick hairy hat on her head,
And on her feet skates shod for the ice.

La Mosquovide

La Mosquovide ainsi comme i'ay leu,
Se vest ainsi, & d'une bonne grace,
Ayant en teste un gros chapeau velu,
Portant patins qui sont ferréz à glace.

Le Russe

Le Russe avec son grand manteau
Sur la mer gelée fait la guerre.
Et de ses désirs, le plus haut
Est d'acquérir des biens sur la terre.

The Russian Man

The Russian with his big coat
On the frozen sea makes war.
And of his desires, the highest
Is to acquire goods on earth.

Le Moſquovide

Le Moſquovide avec ſa grand' mante,
Deſſus la mer gelee fait la guerre,
Et le deſir qui plus fort le tourmente,
C'eſt d'acquerir des biens deſſus la terre.

La Femme de Bayonne

La Bayonnaise et ses vêtements
On peut ici observer en figure.
De cet habit elle ne change aucunement,
Et simple elle est de sa propre nature.

The Bayonne Woman

The Bayonne woman and her clothes
We can observe here in figure.
From this dress she does not change at all,
And simple she is of her own nature.

La Femme de Bayonne

La Bayonnoyſe, & ſon accouſtrement
On peut icy contempler en figure,
De ceſt habit ne change aucunement,
Et ſimple elle eſt de ſa propre nature.

La Femme allant à la messe

La femme de Bayonne porte ce vêtement,
Écoutant la messe avec grande dévotion,
Puis s'en revenant dans le même habillement,
Toute endormie de contemplation.

Woman going to mass

The woman in Bayonne wears this garment,
Listening to mass with great devotion,
Then returning in the same garment,
All asleep with contemplation.

La Fẽme allât a la meſſe

La femme ainſi en Bayonne à veſture
Oyant la meſſe en grande devotion,
Puis ſ'en revient avec cette parure,
Toute endormye de contemplation.

Le Deuil de Bayonne

Quand il advient qu'une Bayonnaise porte
L'habit du Deuil, pour mari ou parent,
Elle est toujours vêtue de la sorte,
Comme ce portrait le montre fidèlement.

The Bayonne Mourning

When it happens that a Bayonne woman wears
The garment of Mourning, for husband or parent,
She is always dressed like this,
As the portrait faithfully shows it.

Le Deuil de Bayonne

Quand il advient que Bayonnoiſe porte
L'habit de Deuil, pour mary ou parent,
Elle eſt touſiours veſtue en ceſte ſorte,
Comme voyez au pourtrait apparent.

La Paysanne d'Espagne

L'Espagne est fort fleurie et fertile,
De nombreuses choses y croissent avantageusement.
La Paysanne en lieu, exactement
Comme ce portrait le montre, s'habille.

The Peasant Woman of Spain

Spain is very flowery and fertile,
Many things grow there advantageously.
The peasant woman in the place, exactly
As this portrait shows, dresses.

La Rustique d'Espaigne

Espaigne est fort plantureuse & fertille,
Car mainte chose y croist heureusement,
Femme Rustique en ce lieu proprement
Comme il appert en ce pourtrait s'habille.

Le Basque

Observe du Basque le simple habillement,
Qu'il est plus heureux de porter
Qu'aucun des riches accoutrements
Qu'en pays de France on peut trouver.

The Basque Man

See the simple clothing of the Basque man,
That he is happier to wear
Than any of the rich accoutrements
That in the country of France one can find.

Le Biſquin

Voy du Biſquin le ſimple habillement
Plus content eſt avecques ſa ſouffrance,
Qu'aucun veſtu de riches accouſtrement
Que l'on peut voir par le pays de France.

La Basque

Cette tenue est bien peu connue.
La Basque représentée en cet endroit,
Selon son habitude est tondue,
Démontrant ainsi qu'elle ne craint pas le froid.

The Basque Woman

This outfit is not well known.
The Basque woman represented here,
According to its habit is sheared,
Demonstrating that she is not afraid of the cold.

La Biſquine

Ceſte veſture eſt bien peu entendue,
La Biſquine eſt depainte en ceſt endroit,
Par ſa couſtume elle eſt ainſi tondue,
En demonſtrãt qu'ell' ne craint pas le froid.

La Femme de Pampelune

Voici la Femme vivant en Pampelune,
Coiffée et vêtue ainsi toujours,
Sans jamais changer d'habit comme la lune,
Ainsi que le font les Français chaque jour.

The Woman of Pamplona

This is the Woman living in Pamplona,
Dressed and clothed like this always,
Without ever changing her clothes like the moon,
As the French do every day.

La Fẽme de Pãpelune

Voicy la femme eſtant en Pampelune,
Coiffée ainſi, & veſtue touſiours,
Sans point changer l'habit, comme la lune,
Ainſi que font les Françoys tous les iours.

La Tondue d'Espagne

En Espagne on voit de telles femmes,
Qui, tondues, exercent ce passe-temps.
Il est vrai que c'est une chose profane,
Puisque maintes gens, à les regarder passent leur temps.

The Shorned One of Spain

In Spain we see such women,
Who, shorned, practice this pastime.
It is true that it is a profane thing,
Since many people, at watching them spend their time.

La Tõdue d'Eſpaigne

Dedãs l'Eſpaigne on voit de telle femme,
Qui tondue ſont faiſant tel paſſetemps,
Vray eſt que c'eſt une choſe profane :
Car pluſieurs gens à le voir paſſent temps.

L'Espagnole

Qui désirera avoir la compréhension
De comment en Espagne la femme est habillée,
Doit être assuré qu'ici avec précision
D'une Espagnole l'image est gravée.

The Spanish Woman

Who would like to have the understanding
Of how in Spain the woman is dressed,
Must be assured that here with precision
Of a Spanish woman the image is engraved.

L'Eſpaignolle

Qui bien voudra cognoiſtre ſeurement
Cõme en Eſpaigne eſt la femme habillee,
Il doit penſer qu'icy certainement
D'une Eſpaignolle eſt l'image taillee.

L'Espagnol

Qui veut connaître l'habit et l'allure
De l'Espagnol, doit être certain
Qu'il le trouvera dans cette figure,
Sans aller l'observer en pays lointain.

The Spanish Man

Who wants to know the dress and the look
Of the Spanish, must be certain
That he will find it in this figure,
Without going to observe it in a distant country.

L'Eſpaignol

Qui veut ſçavoir & l'habit & le geste
De l'Eſpaignol, faut eſtre tout certain
Que ce pourtrait au vif le manifeſte,
Sans l'aller voir en pays plus lointain.

La Femme de Roncevaux

Si la coiffure vous semble immorale,
Telle que vous la voyez ici,
Sachez que les femmes de Roncevalle
Sont coiffées et vêtues ainsi.

The Woman of Roncevaux

If the hairstyle seems immoral to you,
As you see it here,
Know that the women of Roncevaux
Are dressed and dressed like this.

La Fẽme de Rõcevalle

Si la coiffure vous ſemble ſalle,
Que voyez en ce pourtrait cy,
Sachez que femme à Roncevalle
Son coiffee & veſtue ainſi.

La Femme de Compostelle

À Compostelle cette femme vit.
Elle ne va jamais sans porter son chapeau,
Et de telle façon est son habit,
Que je ne sais s'il vous semblera beau.

The Woman of Compostela

In Compostela this woman lives.
She never goes without wearing her hat,
And in such a way is her dress,
That I do not know if it will seem beautiful to you.

La Fẽme de Cõpoſtelle

Fẽme qui eſt du lieu de Cõpoſtelle.
Ne va iamais ſans porter ſon chapeau,
Et ſon habit eſt d'une façon telle,
Ie ne ſçay pas ſ'il vous ſemblera beau.

La Femme de Tolède

Si ton regard sur ce portait s'arrête,
Pour étrange qu'il soit, point ne t'en ébahis.
La femme à Tolède ainsi s'apprête,
Car c'est la façon du pays.

The Woman of Toledo

If your glance on this portrait stops,
As strange as it is, be not astonished.
The woman in Toledo thus gets ready,
Because it is the way of the country.

La Fẽme de Tolette

Si ton regard ſur ce pourtrait ſ'arreſte,
Eſtrange il eſt, mais ne t'en eſbahis,
La femme ainſi eſt veſtue en Tolette,
Pource que c'eſt la façon du pays.

La Paysanne Espagnole

Si vous avez fréquenté les villages
En Espagne, en écoutant le son
Du Rossignol, la femme de labourage,
D'habit et d'allure est semblable à cette composition.

The Spanish Peasant Woman

If you have been to the villages
In Spain, listening to the sound
Of the Nightingale, the woman of ploughing,
In dress and appearance is similar to this composition.

L'Espagnole Rustique

Si vous avez frequenté le village
Parmy l'Espaigne, en escoutant le son
Du Rossignol, femme de labourage,
D'habit & geste a semblable façon.

La Paysanne du Portugal

Au Portugal, parmi les lieux champêtres,
De semblables Paysannes vous trouverez.
Les unes aux champs mènent leurs bêtes paître,
Pendant qu'au labeur les autres sont appliquées.

The Peasant Woman of Portugal

In Portugal, among the rural places,
You will find similar peasant women.
Some in the fields lead their animals to graze,
While the others are busy with their work.

La Ruſtiq' de Portugal

En Portugal parmy les lieux champeſtres
Y trouverez de semblable Ruſtique,
Les unes aux chãps mene leur beſte paiſtre,
Et au labeur les autres ſ'y applicque.

La Paysanne Hongroise

Chacune des femmes, dans les villages
Des terres de Hongrie où elles demeurent,
De cet habit font toujours usage,
Depuis les temps éloignés jusqu'à cette heure.

The Hungarian Peasant Woman

Each of the women, in the villages
In the Hungarian lands where they live,
Always use this dress,
Since the past times until this hour.

La Rustique de Hõgrie

Chacune femme eſtant par le village
Des Hongriens ou elles font ſeiours,
Porte touſiours c'eſt habit pour uſage
Ia des long temps juſques au preſent iour.

Le Portugais

Le Portugais avec sa grande cape
Ne craint pas de la mer le soudain accident.
En trafiquant, grande richesse il attrape,
Aussi est-il fort sobre et diligent.

The Portuguese Man

The Portuguese with his long cloak
Does not fear the sudden accident of the sea.
As a trafficker, he catches great wealth,
Also he is very sober and diligent.

Le Portugais

Le Portugais avecques ſa grand chape,
Ne crains de mer le ſoudain accident,
Par traffiquer grand richeſſe il attrape,
Auſsi eſt-il fort sobre, & diligent.

La Portugaise

La Portugaise est vêtue de la sorte,
Que vous pourrez la reconnaitre grâce à cette image.
À l'argent un fort et grand amour elle porte,
Car l'avarice à ce désir l'engage.

The Portuguese Woman

The Portuguese woman is dressed like this,
That you will be able to recognize her thanks to this image.
To money a strong and great love she carries,
For avarice to this desire commits her.

La Portugaise

La Portugaise est vestue en la sorte
Que la pouvez cognoistre à ce pourtrait
Fort grand'amour à l'argent elle porte,
Car avarice à ce désir l'attrait.

Le Fauconnier

Le Fauconnier, homme de proies,
Se vêt et se chausse de cette façon-ci.
Ce n'est point lui qui enrichit la foi,
D'habits mondains il n'est pas en grand souci.

The Falconer Man

The Falconer, man of prey,
Dresses and shoes himself in this way.
It is not he who enriches faith,
He is not concerned with worldly clothes.

Le Delubic

Le Delubic naturel à la proye,
Se veſt & chauſſe en ceſte mode cy,
Ce n'eſt point luy qui enrichy la foye,
D'habit mondain ia n'eſt en grand ſoucy.

La Fauconnière

La Fauconnière n'est pas trop désireuse
De beaux habits, comme on peut le voir
Dans ce portrait, mais plutôt soucieuse
De vivres avoir, ce dont elle se fait un devoir.

The Falconer Woman

The Falconess is not too eager
of beautiful clothes, as we can see
In this portrait, but rather concerned
To have food, which she makes her duty to have.

La Delubicque

La Delubicque n'eſt pas trop amoureuse
De beaux habits, cõme bien on peut voir
Par ce pourtraict, mais pluſtoſt curieuſe
De vivre avoir, dont elle fait devoir.

Le Barbare

Les Barbares ont des vêtements semblables
À ceux que tu vois ici, cela est notoire,
Quoi que cet habit puisse te sembler incroyable.
La vérité te contraint à le croire.

The Barbarian Man

The Barbarians men have similar clothes
To those you see here, that is notorious,
Though this garment may seem incredible to you.
Truth compels you to believe it.

Le Barbare

Les Barbares ont le veſtement ſemblable
Comme tu vois, cela eſt tout notoire,
Quoy que te ſoit ceſt habit admirable,
La verité te contraint de la croire.

La Barbare

Quand la Barbare, en ses habits les plus beaux,
Veut faire montre de sa grande magnificence,
Elle est couverte de belles peaux,
Tel que ce portrait le met en évidence.

The Barbarian Woman

When the Barbarian woman, in her most beautiful clothes
Wants to show her great magnificence,
She is covered with beautiful skins,
As this portrait shows.

La Barbare

Quand la Barbare en ſes habitz plus beaux
Veut demonſtre ſa grande magnificence,
Fourree ainſi elle eſt de riches peaux,
Que ce pourtrait le met en apparence.

La Maure

Au Maure la Maure ressemble.
Son habit est léger à cause de la chaleur,
L'homme et la femme s'accordant bien ensemble,
Tous deux camus et noirs de couleur.

The Moor Woman

To the Moor the Moor looks like.
Her dress is light because of the heat,
The man and the woman agreeing well together,
Both camus and black of color.

La Morefque

Au More noir la Morefque reffemble,
Son habit eft leger pour la chaleur,
L'hõme & la fẽme accordẽt biẽ enfemble,
Tous deux camus & de noire couleur.

Le Maure

Le Maure se vêt ainsi, légèrement,
À cause de la chaleur qu'il endure.
Le nez camus, il a également
Le poil frisé, la lèvre épaisse et dure.

The Moor Man

The Moor dresses like this, lightly,
Because of the heat he endures.
His nose is curved, he also has
The curly hair, the thick and hard lip.

Le Maure

Le Maure ſe veſt ainſi legerement,
Pour la chaleur du pays qu'il endure,
Le nez camus il ha ſemblablement :
Son poil friſon, ſa levre eſpaiſſe & dure.

La Femme Sauvage

Une femme, sauvage au regard humain,
Telle qu'elle est dans la nature,
Très fidèlement dépeint
À vos yeux cette figure.

The Wild Woman

A woman, wild to the human eye,
As she is in nature,
Very faithfully depicts
To your eyes this figure.

La Femme Sauvage

Femme fauvage à l'oeil humain, nõ fainte,
Ainfi qu'elle eft fur le naturel lieu,
Au naturel vous eft icy depainte,
Comme voyez qu'il appert à voftre oeil.

L'Homme Sauvage

Bien que Dieu le Créateur, seul sage,
Ait donné à l'homme la raison,
Voyez ici un véritable Homme Sauvage,
Dont le corps est velu en toute saison.

The Wild Man

Although God the Creator, the only wise one,
Has given man reason,
See here a true Wild Man,
Whose body is hairy in all seasons.

L'Homme Sauvage

Combien que Dieu le Createur ſeul ſage,
A fait vſer les hommes de raiſon,
Icy voyez un vray homme ſauvage,
Son corps velu eſt en toute ſaiſon.

L'Indien

De l'Indien et de ses étranges atours,
La vérité, par ce portrait tu peux voir.
Si tu ne le crois pas, je te dis en retour :
Vas jusqu'à là-bas, et tu pourras le voir.

The Indian Man

Of the Indian and his strange clothes,
The truth, by this portrait you can see.
If you don't believe it, I say in return:
Go over there, and you can see it.

L'Indien

De l'Indien, & son habit estrange,
Par ce pourtrait la vérité tu peux voir,
Si ne le crois, ie dis pour ma revange,
Va iusqu'au lieu, & tu le pourras voir.

L'Indienne

Ami lecteur, tu dois admettre,
Que l'Indienne est vêtue exactement
De l'habit que tu peux ici connaître,
Tel qu'il est représenté simplement.

The Indian Woman

Friend reader, you must admit,
That the Indian woman is dressed exactly
With the outfit you can see here,
As it is simply represented.

L'Indienne

Amy lecteur, il te convient entendre,
Que l'Indienne eſt veſtue proprement,
De ceſt habit que peux icy comprendre,
Pource qu'il eſt pourtrait naiſvement.

Le Perse

De Perse sont les peuples anciens,
Dont on voit maintes histoires dans les écrits.
Tels sont les vêtements de ces Persiens
Que vous les voyez ici décrits.

The Persian Man

Of Persia are the ancient peoples,
Of whom we see many stories in the writings.
Such are the clothes of these Persians
That you see them described here.

Le Persien

De Perſe ſont les peuples anciens,
D'eux maìte hyſtoire on voit par eſcripture,
Le propre habit eſt tel des Perſiens,
Que le voyez en ceſte pourtraiture.

La Perse

Si vous désirez apercevoir,
De la Perse l'allure et la robe coutumière,
Vous ne pourriez plus clairement les voir,
Qu'ici, représentée de parfaire manière.

The Persian Woman

If you wish to see,
Persia's customary look and dress,
You could not see them more clearly
Than here, represented in a perfect way.

La Perſienne

Si vous voulez le geſte appercevoir
De Perſienne, & ſa robe uſitee,
Vous ne pourriez plus clairement la voir
Qu'elle eſt icy, pourtraite & limitee.

L'Égyptien

Afin de bien connaitre le vrai Égyptien,
Qui porte ses cheveux longs,
En retenant son habit ancien,
Ce portrait au naturel le représente de cette façon.

The Egyptian Man

In order to know well the real Egyptian,
Who wears his hair long,
While retaining his ancient garb,
This portrait represents him in this way.

L'Egyptien

Pour bien cognoiſtre un vray Egyptien,
Avec les longs cheveux qu'il porte,
En retenant ſon habit ancien,
Il eſt au vif pourtrait en cette ſorte.

L'Égyptienne

Il est certain que l'Égyptienne,
Encore aujourd'hui porte son vêtement
Selon la coutume ancienne,
Comme votre œil le voit à cet instant.

The Egyptian Woman

It is certain that the Egyptian woman,
Still today wears her garment
According to the ancient custom,
As your eye sees it at this moment.

L'Egyptienne

Il eſt certain qu'ainſi l'Egyptienne
Iuſqu'au iour d'huy porte ſon veſtement,
Telle à eſté la couſtume ancienne,
Comme voſtre oeil y voit preſentement.

L'Hermite d'Égypte

Ainsi se vêt l'Hermite Égyptien,
Qui par rapport au peuple est singulier.
Se nourrissant de racines, humble de comportement,
S'il trouvait mieux, il ne voudrait point en manger.

The Hermit of Egypt

Thus dresses the Egyptian Hermit,
Who in relation to the people is singular.
Feeding on roots, humble in behavior,
If he could find better, he would not eat it.

L'Hermite d'Egypte

Ainſi ſe veſt Ægyptien hermite,
Qui du commun icy ſe rend eſtranger,
Mangeant racine, faiſant la chatemite,
S'il trouvoit mieux, il n'en voudroit point mãger.

Le Prêtre d'Égypte

Le long chapeau, la longue barbe aussi,
Du Prêtre Égyptien ici on contemple,
Lui qui du vrai Dieu n'a pas tant le souci,
Car on préfère ses dons à son temple.

The Priest of Egypt

The long hat, the long beard too,
Of the Egyptian Priest one contemplates here,
He who does not care so much for the true God,
For one prefer his gifts to his temple.

Le Preſtre d'Egypte

Ce long chapeau, la longue barbe auſsi,
L'Ægyptien preſtre nous repreſente,
Qui du vray Dieu n'a pas tant de ſoucy,
Que de ces dons qu'au tẽple on luy prefère.

Le Sauvage en Grande Pompe

Quand le Sauvage est en grande pompe,
Il est habillé ainsi exactement.
Si tu as peur que ce portrait te trompe,
Vas là-bas pour voir son vêtement.

The Savage in grand style

When the Savage is in grand style,
He is dressed exactly like this.
If you're afraid that this portrait will deceive you,
Go over there and see what he's wearing.

Le Sauvage en Põpe

Quand le Sauvage eſt en bravade ou pompe
Il eſt ainſi habillé proprement,
Si tu as peur que ce pourtrait te trompe
Va ſur les lieux pour voir ſon veſtement.

Le Tartare

Si ce portrait peut sembler barbare
À ceux qui ne l'on vu qu'illustré,
Il est absolument certain que tel est le Tartare,
Et cet habit est vrai, en rien inventé.

The Tartarus

If this portrait may seem barbaric
To those who have only seen it illustrated,
It is absolutely certain that such is the Tartarus,
And this dress is true, not invented.

Le Tartare

Si ce poutrait à ceux ſemble barbare
Qui ne l'on veu qu'ainſi qu'il eſt depaint,
Il eſt tout ſeur que tel eſt Tartare,
Et ceſt habit eſt vray, & non pas faint.

La Brésilienne

Les femmes de là-bas, sont vêtues ainsi
Que ce portrait les représente.
Des Guenons, et des Perroquets aussi,
Aux étrangers elles proposent la vente.

The Brazilian woman

The women there, are dressed like
This portrait represents them.
Guenons, and parrots too,
To foreigners they offer the sale.

La Brefilienne

Les femmes là, font veftues ainfi
Que ce pourtrait le montre & reprefente,
Là des Guenons, & Perroquetz aufsi,
Aux eftrangers elles mettent en vente.

Le Brésilien

L'homme des terres où le Breze croît
Est tel qu'ici l'œil le voit.
Leur quotidienne pratique
Est de couper le Breze pour en faire trafic.

The Brazilian Man

The man of the lands where the Breze grow
Is as the eye sees him here.
Their daily practice
Is to cut the Breze to make traffic.

Le Bresilien

L'homme du lieu auquel le Brefil croist,
Eft tel qu'icy, à l'oeil il apparoist,
Leur naturel exercice f'applique
Coupper Brefil, pour en faire trafique.

La Nictorienne

Si par hasard votre regard s'arrête
Sur ce portrait, qui étrange peut paraître,
Soyez assuré que c'est un habit ancien
Que porte la femme du Nictorien.

The Nictorian Woman

If by chance your glance stops
On this portrait, which may seem strange,
Be assured that it is an ancient garment
That the Nictorian's wife is wearing.

La Nictorienne

Si quelque fois voſtre regard ſe range
Sur ce pourtrait, qui peut ſembler eſtrange,
Croyez que c'eſt un habit ancien,
Que porte femme à ce Nictorien.

Le Nictorien

Pour qui veut voir comment un Nictorien
Se coiffe et se vêt, en voici la figure.
Et de changer fort bien il se garde,
Tant que la vie en ce monde il garde.

                                        The Nictorian Man

                    For those who want to see how a Nictorian
                       Dresses himself, here is the figure.
                   And to change very well he keeps himself,
                    As long as he keeps his life in this world.

Le Nictorien

Qui voudra voir comment un Nictorien,
Se coiffe & veſt en voicy la figure,
Et de changer il ſe garde fort bien,
Tant que vivant en ce monde il dure.

La Fille Turque

Les Turcs sont loin. Point n'est utile qu'on les vois
Pour savoir la sorte de leur habillement.
Pour reconnaitre une Fille de Turquie,
Voici le dessin de son vêtement.

The Turkish Girl

The Turks are far away. It is not useful to see them
To know the kind of their clothing.
To recognize a Turkish girl,
Here is the drawing of her clothing.

La Fille Turquoiſe

Les Turcs ſõt loin, põit ne faut qu'õ y voiſe
Pour mieux ſçavoir de leur habit la ſorte,
Mais pour cognoiſtre une Fille Turquoiſe,
Icy pourtrait eſt l'habit qu'elle porte.

La Fille d'Afrique

Dans ce portrait, qui est assez ancien,
D'une Fille d'Afrique vous voyez le dessin.
Elle a pour parure son petit manteau,
Fourré d'une exquise peau.

The Girl from Africa

In this portrait, which is quite old,
Of an African Girl you see the drawing.
She has for ornament her small coat,
Stuffed with an exquisite skin.

La Fille d'Affrique

Par ce pourtrait qui eſt aſſez antique,
Vous pouvez voir une fille d'Affrique,
Qui pour parure a ſon petit manteau,
Eſtant fourre d'une exquiſe peau.

Le Grec

Le Grec porte un vêtement semblable
À ce portrait, cela est parfaitement notoire.
Quoi qu'il puisse te sembler incroyable,
La vérité te contraint de le croire.

The Greek Man

The Greek wears a garment similar
To this portrait, it is perfectly notorious.
No matter how incredible it may seem to you,
Truth compels you to believe it.

Le Grec

Le Grec a un veſtement ſemblable
A ce pourtraict, cela eſt tout notoire,
Quoy que te ſemble c'eſt habit admirable,
La verité te contrainct de le croire.

La Grecque

La Grecque aussi a son habillement.
Et assez gracieux est son maintien.
Sa jolie coiffure elle entretient habilement,
Mais pour trop se lisser le visage on la tient.

The Greek Woman

The Greek woman also has her clothing.
And quite graceful is her maintenance.
Her pretty hairstyle she maintains skillfully,
But to smooth her face too much she is held.

La Grecque

La Grecque aufsi a fon accouſtrement
Et fon maintiẽt d'une aſſez bõne grace,
Et ſa coiffure entretien ioliement :
Mais taxee eſt de trop polir ſa face.

Le Janissaire

Tu vois ici le véritable portrait des Janissaires
Qui du grand Turc ont pension,
En récompense des agissements nécessaires,
Desquelles il sait qu'ils ont une vive compréhension.

The Janissary Man

You see here the true portrait of the Janissaries
Who of the great Turk have pension,
As a reward for necessary actions,
Of which he knows they have a keen understanding.

Le Ianiſſaire

Tu voys le vray pourtrait des Ianiſſaires,
Qui du grãd Turc ont leur nouriſſemẽt,
Pour le ſervir des choſes neceſſaires,
Ou il cognoiſt promp leur entendement.

La Janissaire

La Janissaire est vêtue ainsi
Que sur ce portait elle est présentée.
Le haut bonnet elle porte, mais aussi
D'un long vêtement elle est parée.

The Janissary Woman

The Janissary is dressed as
That on this portrait she is presented.
The high cap she wears, but also
With a long garment she is adorned.

La Ianiſſaire

La Ianiſſaire a ſa veſture ainſi,
Que ce pourtrait le monſtre & le figure,
Le haut bonnet elle porte, & auſsi
Veſtue elle eſt d'une longue veſture.

Le Grec servant le Turc

Du fier Grégeois voici la figure.
Du moins de ceux qui par l'art militaire
Servent le Turc, forçant leur nature
Pour guerroyer autant sur mer que sur terre.

The Greek serving the Turk

Of the proud Gregeois here is the figure.
At least of those who by military art
Serve the Turk, forcing their nature
To war as much on sea as on land.

Le Grec ſervãt le Turc

Du fier Gregeois voicy la pourtraiture,
I'entend de ceux qui en lart militaire,
Servent le Turc, enclinant leur nature
A guerroyer tant par mer que par terre.

Le Laquais Turc

Ce Laquais Turc est ici, sans mentir,
Décrit tel que nature, comme chacun peut le voir.
C'est sa propre façon de se vêtir,
Pour mieux courir, ce dont il se fait un prompt devoir.

The Turkish Lackey

This Turkish lackey is here, without lying,
Described as he is, as anyone can see.
This is his own way of dressing,
To better run, which he makes a point of.

Le Laquais Turc

Ce Laquais Turc eſt icy ſans mentir,
Au vif depaint cõme un chacun peut voir,
C'eſt le moyen qu'il a de ſoy veſtir,
Pour mieux courir, dõt il fait prõpt devoir.

La Dame de Turquie

Les Dames de Turquie sont vêtues ainsi
Que vous voyez celle-ci.
Tout leur maintien, leur habit et leur visage,
Est exprimé dans la présente image.

The Lady of Turkey

The Ladies of Turkey are dressed
As you see this one.
All their posture, their dress and their face,
Is presented in this picture.

La Dame de Turquie

Les Dames ſont en la Turquie ainſi
Comme voyez veſtue ceſte cy,
Tout leur maintiẽt, leur habit, leur viſage,
Eſt exprimé par la preſente image.

L'Homme de Turquie

Sans douter ni avoir peur d'être déçu,
Soyez assuré que du Turc la tenue
Au naturel correspond à ce qui,
Dans le présent portait est décrit.

The Man of Turkey

Without doubt or fear of disappointment,
Be assured that of the Turk the outfit,
According to the natural, corresponds to what,
In the present portrait is described.

Le Turc

Sans en douſter, & ſans vous decevoir,
Devez penſer que d'un Turc la veſture,
Reſſemble au vif à celle qu'on peut voir,
En la preſente image & pourtraiture.

L'Homme d'Arabie

En Arabie, l'encens se trouve en abondance,
Et les Arabes, jadis, très riches ont été.
Ce portrait vous le met en évidence,
Par l'habit qu'ils portent, et qu'ils ont porté.

The Man of Arabia

In Arabia, incense is found in abundance,
And the Arabs once were very rich.
This portrait shows it to you,
By the clothes they wear, and have worn.

L'Arabien

En Arabie eſt d'encens abondance,
Arabiens iadis riches eſtoient,
Et ce pourtraict vous met en evidence,
Le propre habit qu'ils portẽt, & qu'ils portoiẽt.

La Femme d'Arabie

Si tu veux avoir la connaissance
Des femmes qui en Arabie sont nées,
Cette figure te met en évidence
L'habit qui par elles est porté.

The Woman of Arabia

If you want to have the knowledge
Of the women who in Arabia were born,
This figure shows you
The dress that they wear.

L'Arabienne

Si tu veux de femme avoir la cognoiſſance,
Qui d'Arabie a pris nativité,
Ceſte figure te mets en evidence,
L'habit qui eſt par les femmes porté.

La Femme d'Asie

Regardez bien comme les Asiennes
Sont habillées et coiffées en bon ordre.
Je suis certain que les Vénitiennes
Ne pourraient trouver à ce sujet de quoi mordre.

The Woman of Asia

Look well as the Asian women
Are dressed and coiffed in good order.
I am sure that the Venetian women
Couldn't find anything to bite on.

La Femme d'Aſie

Regardez bien comme les Aſiennes
Sont habillées & coiffees en bon ordre.
Ie ſuis certain que les Veniciennes,
N'y pourraiẽt pas ſur ce trouver à mordre.

La Veuve d'Afrique

Quand la femme d'Afrique a perdu son mari,
Que par la mort il est serré dans le cercueil,
Un tel vêtement elle porte pour le deuil,
Annonçant ainsi qu'elle a le cœur marri.

The Widow of Africa

When the woman of Africa has lost her husband,
That by death he is squeezed into the coffin,
Such a garment she wears for mourning,
Thus announcing that she has a sad heart.

La Veſve d'Affrique

Quand l'Affricaine a perdu ſon mary,
Eſtant par la mort ſerré dans le cerceuil,
Tel veſtement elle porte par deuil,
En demonſtrant qu'elle a le coeur marry.

DÉDICACE DE DÉBUT D'OUVRAGE
DEDICATION AT THE BEGINNING OF THE BOOK

Au très-illustre Prince
Henry de Navarre,
François Deprez,
son très-humble et très-obéissant serviteur,
envoie salut et souhait de félicité éternelle.

Vous avez, comme il se doit, (Prince très-illustre) appris dans les livres saints que nos premiers parents n'avaient que feuilles et peaux afin de couvrir la nudité de leurs corps.

Mais, peu à peu, l'ingéniosité des hommes croissant avec le temps, ces premiers vêtements se sont transformés de diverses façons. Ceci est arrivé, autant par la nécessité que par l'astuce dont font preuve les humains. Ainsi, on voit que dans les pays Septentrionaux les habitants s'habillent de vêtements fourrés ou de grands manteaux, alors qu'ils sont nus dans les pays Méridionaux, ou légèrement vêtus, comme on peut le voir chez les Sauvages et les Brésiliens, ou dans les pays proches du tropique du

To the most illustrious Prince
Henry of Navarre,
François Deprez,
his most humble and most obedient servant,
sends greetings and wishes of eternal happiness.

You have, as you should, (Most Illustrious Prince) learned from the holy books that our first parents had only leaves and skins to cover the nakedness of their bodies.

But, little by little, as the ingenuity of men increased with time, these first clothes were transformed in various ways. This happened, as much by necessity as by the cleverness of humans. Thus, we see that in the northern countries the inhabitants dress in furry clothes or large coats, while they are naked in the southern countries, or lightly dressed, as we can see among the Indians and Brazilians, or in the countries near the Tropic of

A tresillustre Prince

Henry de Nauarre, Françoys deserpz son treshumble, & tresobeyssant seruiteur, Sa'ut, & felicité perpetuelle.

Vous estes deuemēt

aduerty par la leçon des Liures saints (Prince tresillustre)que noz premiers peres estoyent vestuz de fueilles & de peaux, pour couurir la nudité de leur corps seulemēt:mais peu à peu, crois sant auec l'aage, la malice des hōmes, on à chágé ces habits premiers en plu sieurs & diuerses maniere, Ce qui est aduenu tant par necessité que par cu riosité des humaïs,cōme il se voit que es pays Septētrionaux les habirás sōt cōtraints de se véstir d'habits fourréz, ou grosses mantes,& au pays meridio nal sōt nudz,ou vestuz à la legere,cō me cela se peut verifier par les Sauua-ges,& Bresiliēs, mesmes en ces pays, lors que le Soleil est prochain du

Cancer. D'autre part, la nécessité de se défendre ou d'attaquer a contraint ceux dont c'est le métier à s'armer et se protéger.

Cela peut sembler de peu d'importance, mais l'ingéniosité, surmontant la nécessité, a donné naissance à une si grande diversité de vêtements, aussi bien pour les hommes que pour les femmes, que certaines tenues étranges font l'admiration de tous, malgré la variété des tenues de notre siècle.

Cette diversité, selon mon jugement, provient des différences entre les religions, de l'ingéniosité des personnes, mais aussi des différences entre les pays. L'arrogance et la prétention ont également ment joué un rôle, ce que je ne peux expliquer sans faire de longs discours, mais que vous comprendrez.

Sur le sujet (Monseigneur) j'ai fait ce Recueil, qui contient la diversité des habits en usage nos jours, tant en Europe, Asie, Afrique, que dans les Îles des Sauvages et Barbares, ayant pour cela suivi quelques dessins du défunt Roberval, Capitaine

Cancer. On the other hand, the need to defend or attack has forced those whose job it is to arm and protect themselves.

It may seem of little importance, but ingenuity, overcoming necessity, has given rise to such a great variety of clothing, both for men and women, that some strange outfits are admired by all, despite the variety of outfits in our century.

This diversity, in my opinion, comes from the differences between religions, from the ingenuity of people, but also from the differences between countries. Arrogance and pretension have also played a role, which I cannot explain without making long speeches, but which you will understand.

On the subject (Monseigneur) I made this Compendium, which contains the diversity of the clothes in use our days, so much in Europe, Asia, Africa, that in the Islands of the Savages and Barbarians, having for that followed some drawings of late Roberval, Captain

Cácer,& quát à la necefsité de fe def
fédre ou afſaillir,cela à cõtraint ceux
de tel exercice de ſarmer,mailler ou
prédre collet de buffe. Ce feroit peu
de chofe de cela,mais la curiofité fur
mõtát la necefsité à engendré vne fi
gráde differéce d'habits,tant au fexe
mafculí ῷ feminin, ῷ telle façõ eftrá
ge à mis tout bõme en admiration,
cõfiderát les modes diuerfes dõt ſõt
veftus les hommes de ce fiecle . Or
quát a la diuerfité,felon mon iuge-
mét,la differéce des religiõs en a en-
gédré vne partie, & la curiofité des
perfonnes,& la diftance des pays,v-
ne autre partie,plus l'arrogáce & pre
fumption ont acheué ce roolle,ainfi
que le pouuez mieux cõfiderer,que
ie ne le puis declarer, ſás en faire vn
lõg difcours.A cefte caufe (Monfei-
gneur)i'ay fait ce Recueil cõtenát la
diuerfité des habits qui ſõt à prefent
en vfage,tát en Europe, Afie, Affrique , que es Ifles des Sauuages , &
Barbares ,ayant fuiuy quelque def-
fein du deffunὣ Roberual, Capitai-

pour le Roi, ainsi que ceux d'un Portugais ayant visité de nombreux pays.

Ce Recueil, j'ose vous en faire humblement présent, sans autre espérance que celle de rester à votre service.

Monseigneur, je suis persuadé que vous ne trouverez pas convenable que j'ai passé du temps et ai trouvé du plaisir dans la réalisation d'une œuvre qui ne soit pas destinée à l'instruction de tous, mais j'espère toutefois que vous trouverez quelque contentement dans le fait d'y voir l'habileté de nos prédécesseurs, et de constater qu'ils ont été plus désireux de vêtements somptueux que de vertu. En effet, certains sont très admirés pour la multitude et la magnificence de leurs vêtements, tout en étant vides de vertu et de saine conscience. Il semble qu'ils soient de la race des Pontifes Pharisien, ou de ce mauvais Riche mentionné en Saint Luc, qui était vêtu de pourpre et de soie, mais laissa cependant le pauvre Lazare mourir de faim à sa porte. Cet exemple (dis-je) peut

for the King, as well as those of a Portuguese having visited many countries.

I dare to present this Compendium to you humbly, with no other hope than that of remaining at your service.

My lord, I am sure you will not think it proper that I should have spent time and found pleasure in the making of a work which is not intended for the instruction of all, but I hope, however, that you will find some contentment in seeing in it the skill of our predecessors, and that they were more desirous of sumptuous garments than of virtue. Indeed, some are much admired for the multitude and magnificence of their garments, while being void of virtue and sound conscience. They seem to be of the race of the Pharisee pontiffs, or of that wicked rich man mentioned in St. Luke, who was clothed in purple and silk, yet left poor Lazarus starving at his door. This example (I say) may

ne pour le Roy, & d'vn certain Portugais ayāt frequenté plusieurs & diuers pays, sēblablemēt de ceux que no⁹ voyōs iournellemēt à l'oeil, duquel recueil i'ay bien osé vous faire humble present, nō sous autre esperāce sinon de vous faire perpetuel seruice, toutesfois. Monseigneur ie me suis persuadé que vous ne trouuerez pas bō que i aye pris peine ou plaisir à faire chose non edificatiue: Mais i'espere que vo receuerez quel que cōtētemēt d'y voir la mobilité de noz vieux predecesseurs, & qu'ilz ont esté plus curieux de sumptueuse vesture que de rare vertu: ce qui se peut cognoistre en ce que plusieurs sont fort honorez pour la multitude & sumptuosité de leurs vestemēs, & toutefois sont vuydes de vertu & saine cōscience. Et sēble qu'ils soyēt de la race des Pōtifes Pharisiens, ou de ce mauuais Riche mentionné en S. Luc, qui estoit vestu de pourpre & de soye, & ce pendant le pauure Lazare mourut de faim à sa porte. C'est exemple (dy-ie) nous peut nous guider afin de repousser l'envie d'une tenue excessive, qui amène l'homme à l'orgueil. Car, ainsi que l'on reconnait le Moine à son froc, le Fou à son chapeau, et le Soldat à ses armes, on reconnait l'homme sage à son vêtement mesuré.

Je ne méprise toutefois pas l'excellence des vêtements de ceux qui les portent dans le but de mettre en valeur les prérogatives et dons précieux accordés par le Créateur. Je désire simplement que nul n'y attache autant d'importance qu'à vraie la pierre angulaire, à savoir Jésus Christ, sur laquelle est bâtie la vraie Église de Dieu, et que celle-ci soit enrichie de l'or et du fin émail que sont la charité et la vive foi en Jésus Christ notre sauveur unique, lequel je prie affectueusement de vous maintenir en bonne santé et prospérité.

guide us to repel the desire for excessive dress, which leads man to pride. For as the Monk is known by his frock, the Fool by his hat, and the Soldier by his arms, so the wise man is known by his measured dress.

I do not, however, despise the excellence of the garments of those who wear them in order to emphasize the precious prerogatives and gifts bestowed by the Creator. I only desire that no one should attach as much importance to them as to the true cornerstone, namely Jesus Christ, on which the true Church of God is built, and that it should be enriched with the gold and fine enamel of charity and lively faith in Jesus Christ our only Savior, to whom I affectionately pray to keep you in good health and prosperity.

feruir de retrencher toute excefsiue ve-
fture, qui attire l'homme à orgueil : car
tout ainfi qu'on cognoift le Moyne au
froc, le Fol au chaperon, & le Soldat aux
armes, ainfi fe cognoift l'hôme fage à l'ha
bit non excefsif. Ie n'entens toutesfois
mefprifer les habits excellens de ceux
qui font dignes de les porter, pour deco
rer leur prerogatiue & ioyaux precieux
donnez du Createur , pour recreer le
cueur de fes creatures : mais ie defire que
nul n'y attache fon affection , ains en la
vraye pierre angulaire, à fçauoir IESVS
CHRIST, fur laquelle eft fôdée la vraye
Eglife de Dieu, & qu'elle foit enrichie
d'or, & fin efmail, c'eft à dire de viue foy
ouurante par charité en Iefus Chrift no-
ftre Sauueur vnique, Lequel ie prie affe-
ctueufemét vous maintenir & côferuer
en longue côualefcence, & profperité.

PRÉSENTATION PAR LES FURETEURS
DE LA SOUSCRIPTION DE 1945

Nous venons de décider la réédition ne varietur d'un volume rarissime et d'un intérêt documentaire incontestable, intitulé Recueil de la Diversité des habits, qui sont de present en usage tant es pays d'Europe, Asie, Affrique et Isles Sauvages, le tout fait après le naturel. *C'est là le premier recueil de costumes édité en France.*

Cet ouvrage, dont on ne connaît que quelques exemplaires, a été imprimé à Paris en 1567 par Richard Breton. Il comporte 121 planches sur bois, accompagnées chacune d'un quatrain explicatif en vers français, et fut composé par François Descerps qui le dédia à Henry de Navarre.

L'édition dont Le Fureteur *prend l'initiative et à laquelle il prétend donner le cachet du plus grand luxe, constituera un volume de format in 8° raisin (160 mm×250), de 136 pages, et son tirage sera limité à 95 exemplaires:*

25 sur Vergé ancien à la forme, numérotés de I à XXV.

15 sur Chine numérotés de A à O.

55 sur Rives numérotés de 1 à 55,

Le prix des exemplaires sur Rives sera de 450 frs ; celui des exemplaires sur Vergé et sur Chine de 1250 frs.

La parution est prévue pour les premiers jours de l'année 1945.

LE FURETEUR.

Prière d'envoyer les souscriptions au *Fureteur*, 286, rue Vendôme, à Lyon, C. C. P. Lyon 1142-51.

CERTIFICATION DU TIRAGE
EN FIN D'OUVRAGE

CE VOLUME
REPRODUISANT L'EDITION DE 1567
A ETE EDITE POUR
« LES FURETEURS BIBLIOPHILES »
ET ACHEVE D'IMPRIMER PAR AUDIN
LE XXV DECEMBRE
M C M X L I V
N O E L   D E   L A   L I B E R A T I O N
IL A ETE TIRE A 95 EXEMPLAIRES :
25 SUR VERGE ANCIEN A LA FORME
numérotés de I à XXV
15 SUR CHINE
numérotés de A à O
ET 55 SUR RIVES
numérotés de 1 à 55

EXEMPLAIRE N° 35
SUR RIVES

FRANÇOIS DEPREZ

François Deprez, né aux environs de 1530 et mort entre 1580 et 1587, fut dessinateur de patrons pour motifs brodés, puis éditeur d'estampes et graveur-illustrateur à Paris.

En 1562 il fait publier le *Recueil de la Diversité* par l'éditeur parisien Richard Breton.

En 1565, Richard Breton édite *Les Songes Drolatiques de Pantagruel*, en les attribuant faussement à Rabelais, qui est mort depuis douze ans.

Les 120 illustrations des *Songes* présentent un style extrêmement proche de celui du *Recueil de la Diversité*, on y trouve de nombreuses similitudes dans les poses des personnages tout comme dans certains éléments des illustrations, et dans les deux ouvrages les figures se présentent sur un sol semé d'herbe, de fleurs, d'épis de blé ou d'arbustes. Ce qui fait penser que François Deprez est également l'auteur des illustrations des *Songes*, même si son nom n'est mentionné nulle part.

François Deprez, born around 1530 and died between 1580 and 1587, was a designer of patterns for embroidered motifs, then a print editor and engraver-illustrator in Paris.

In 1562 he had the Compendium of the Diversity *published by the Parisian publisher Richard Breton.*

In 1565, Richard Breton published Les Songes Drolatiques de Pantagruel, *falsely attributing them to Rabelais, who had been dead for twelve years.*

The 120 illustrations of the Songes *are extremely similar in style to those of the* Compendium of the Diversity, *with many similarities in the poses of the characters as well as in some of the elements of the illustrations, and in both works the figures are presented on a ground sown with grass, flowers, ears of wheat or shrubs. This makes us think that François Deprez is also the author of the illustrations of* Songes Drolatiques, *even if his name is not mentioned anywhere.*

Autres ouvrages de Jacques Martel
Site internet : www.VirtuHall.com

Domaine historique

Les Songes Drolatiques de Pantagruel, aux éditions BoD
Recueil de 120 illustrations commentées, faussement attribué à Rabelais, publié par Richard Breton en 1565.

The Comical Dreams of Pantagruel, aux éditions BoD
Recueil de 120 illustrations commentées, faussement attribué à Rabelais, publié par Richard Breton en 1565, en traduction Anglaise.

Château Gaillard, la forteresse de Richard Cœur de Lion, aux éditions BoD
Présentation et histoire de la Forteresse des Andelys, accompagnées de plus de soixante illustrations tirées de sa reconstitution 3D.

Fantasy et Science-Fiction

Sacrifice du Guerrier, en deux tomes, aux éditions Mnemos
La Guerre de l'Hydre, aux editions Mnemos
Bloody Marie, aux éditions Mnemos
La Voie Verne, aux éditions Mnemos
Loups Sombres, aux éditions Leha

OTHER BOOKS FROM JACQUES MARTEL
Website : www.VirtuHall.com

HISTORICAL DOMAIN

LES SONGES DROLATIQUES DE PANTAGRUEL, BoD publisher
*Collection of 120 commented illustrations, falsely attributed to Fran-
çois Rabelais, published by Richard Breton in 1565. French version.*

THE COMICAL DREAMS OF PANTAGRUEL, BoD publisher
*Collection of 120 commented illustrations, falsely attributed to Tran-
çois Rabelais, published by Richard Breton in 1565. English version.*

CHÂTEAU GAILLARD, LA FORTERESSE DE RICHARD CŒUR DE LION,
BoD publisher
*The presentation and the story of the fortress of Richard Lionheart, in
the Andelys (France), with more than sixty illustrations taken from the
3D reconstitution of the place. French version.*

FANTASY AND SCIENCE-FICTION (in French)

SACRIFICE DU GUERRIER (WARRIOR'S SACRIFICE), Mnemos publisher
LA GUERRE DE L'HYDRE (WAR OF THE HYDRA), Mnemos publisher
BLOODY MARIE (BLOODY MARIE), Mnemos publisher
LA VOIE VERNE (THE VERNE'S WAY), Mnemos publisher
LOUPS SOMBRES (DARK WOLFS), Leha publisher